Stefano Turri Zanoni

La Nuova Visione

Youcanprint

Titolo | La Nuova Visione
Autore | Stefano Turri Zanoni

ISBN | 978-88-31620-55-0

Youcanprint
Via Marco Biagi 6, 73100 Lecce
www.youcanprint.it
info@youcanprint.it

1
PROFONDITÀ

Il giardino inseguito da una moltitudine di ali bianche, parenti
dei fiocchi invernali ha l'aspetto dell'estate in fiore, il ramo
d'un pioppo inondato dall'ultima luce di luglio si incammina
prendendo per mano il mio sguardo, verso il cielo
palcoscenico dell'avventura umana e teatro di Dio l'occhio
dopo essersi fermato scorge una nebulosa confondendola
con un formicaio di stelle danzanti ballerine notturne che
trainate sul carro dell'orsa maggiore dal soffio del cosmo
illuminano i fiori bagnati dal pianto della mattina ora
scrollandomi i sogni di dosso come un cane inzuppato
d'acqua mi risveglio e contemplando dal mio profondo vedo
un enorme ingranaggio di cui il primo motore è il moscerino
e l'ultima ruota lo zodiaco io accomodato sulla mia identità
violata dal tempo sorseggiando un goccio di speranza dal
calice dell'avvenire mi chiedo:che ne sappiamo noi se
creazioni di altri mondi non siano determinate dalla caduta di
granelli di sabbia?

2
GIORNATA DI VITA

Sono stato incatenato nel buio delle convinzioni antiche per
molto tempo, il sole non mi rendeva più giustizia e la
giornata cavalcava tra le città stagnandosi nei suoi sobborghi,
qui aspettavo visitando la mia infanzia l'arrivo della notte che
scalza il giorno e bevendo da un boccale prendevo posto al
tavolo di famiglia dove il padre sedeva sul suo antico sogno e
la madre festeggiava la novità
Da tutto questo ho cercato un esilio volontario e ora
cammino per trovare la città della mia nascita

3
VISIONE

Prendo posto e osservo finito lo spettacolo l'inchino della notte e le stelle che si contendono il cielo a frotte per raccontare le ore alla luna,io compagno di viaggio, vagabondo in questo deserto abitato da sconosciuti senza età senza sentimento che parlando di morte muoiono sulle stagioni, io che non sono di razza borghese perché il vestito non mi si addice siedo bruciante sul ciglio della strada lasciando che il sangue coli fumante sul mio viso mentre a te miraggio!!! Visione che riempie quest'inverno di nuovi profumi affido il mio tesoro, tu musa poco vestita perché non vuoi nasconderti, luce stellare che insegni la notte conforta il mio pianto figlio di questa landa dove sono stato gettato come un cane senza osso divora questo buio e con il prossimo arcobaleno dipingilo di libertà

4
AUTUNNO

Autunno stagione delle comodità, pittore che imbratti di surrealismo il paesaggio dalla mia tana sento che bussi alle porte dell'estate ti vedo allontanare il giorno e alimentare la notte che con passo leggero cala sulle case e portando in braccio il sonno spegne gli occhi al sognatore.

5
PROFUMO

Guarda il vento che si struscia sul corpo delle case, e ascolta i gabbiani che trasportati dall'aria intonano il loro canto nella fresca mattina celeste qui non si pensa più e non si divorano altre speranze qui nella città come un vino novello ti raggiunge il sapore della vita che inizia e danza da piazza a piazza da balcone a balcone da sguardo a sguardo tu raggiungici ora!!!

6
PIAZZA INFUOCATA

Scendo in strada vestito di polvere e scivolo nella piazza fiammeggiante l'atmosfera infernale mi riempie i polmoni posso distinguere l'odore di carne bruciata il fievole vento serale si spegne sul mio cappotto ,come fosse la zampetta di un ragno un brivido mi corre lungo la schiena e pizzicando il mio polso infereddolito mi accorgo che la casa del sogno ha già spalancato i suoi cancelli…miserabile accorgimento!! Il mio pensiero si colora delle tenebre più profonde e prendendo per mano l'ignoto gli propone di camminare insieme, la pianura dietro le case pare un un compiacimento di vita incontaminabile mi si concede desiderarla ma non raggiungerla, lasciata sola anche dal sole che sposta lo sguardo ad Oriente illuminando con l'ultimo bagliore il viso stanco e consumato dagli stenti d'una allattatrice di vita seduta su gradini spogli di colori la vegliarda lascia cadere una lacrima sul corpo dell'uomo curvato e pallido su quelle gambe che prima accarezzava e che ora improvvisavano un letto di morte il terrore mi riempie le gambe e con uno sgambetto mi spinge al suolo, seduto sulla terra bagnata una mano mi si posa sulla spalla e una voce dolce come il primo sorriso di un bambino mi sussurra indicandomi quell'inferno: questo è e questo si accetti poi baciandomi sulla fronte mi lascia in stato febbrile ed estasiato sul terreno, qui nella nebbia figlia dell'imbrunire una figura vestita di notte ridendo esclama a tutti quelli che potevano udire: La libertà è una fanciulla che sboccia in primavera e che sa accettare anche il freddo sole invernale.

7
ETERNITÀ

Nelle azzurre sere della mia infanzia mi bagnavo sopra ogni zampillo d'acqua e la brezza sorella del gelo asciugava le mie lacrime trasportandomi sopra ogni ciuffo d'erba nel cortile dell'uomo entravo con il biglietto d'invito nelle tasche nel Palazzo dell'eternità ora volgendo lo sguardo a quel Palazzo dimora del fanciullo comprendo di non essere mai stato me stesso.

8
DOLORE

Dolore una stretta al cuore, sogno che si sgretola con la prima neve, parole che abbracciano la solitudine, dolore lacrima che non vuole spegnersi, pensiero che occupa la tua mancanza.

9
DELIZIA ESTIVA

Annegare nelle sere oscure amplificate da baci spassosi che si rincorrono gustosi tra le ultime occhiate del luglio.

10
PENSIERO IN CAMMINO

Me ne andrò il passo pesante e conquistatore cercherò
dimore nella natura abbandoneró frenesia e musiche fumanti
dalle tasche bucate i miei sogni perderò sul cammino, ma
non avranno modo di trovarmi solo la quiete mi raggiungerà
per ricordarmi di non tornare.

11
SOGNO BRUCIATO

Ho corso per pianure verdi come speranze di un bambino,
ho attraversato deserti e nuotato nella mia mente rincorrendo
un biondo sogno di mezza estate implorando la chiave per
entrare senza bussare nella casa dell'amore.

12
ULTIMO INCONTRO

La strada stuprata, da rumori e passi che volgono al termine, racchiude tutti, suonando un irresistibile litania che ha il sapore di morte, i grandi divoratori della notte si riuniscono in una locanda per bruciare l'ultimo incontro prima della nascita del giorno, sbiascicando parole che si perdono in fretta, trasportate insieme alle altre da gesti senza affetto, mentre fuori il buio copre anche l'ultimo lampione che spegnendosi non cessa di scaldare alcuni affittuari che abilmente rubano il posto ai più titubante, ed ecco il cielo precipita al suolo unendosi in un immagine che scorre sulla diapositiva della città, facendo girare la pellicola all'impazzata, rendendo ogni scena innaturale e spaventosa, costringendo i nottambuli baciatori di finestre a stringere gli occhi per non vedere e precipitare nell'immaginazione, chiedendosi chi verrà risparmiato dal taglio delle ultime ore del giorno, ora tutto si spegne, il silenzio accompagnato dal riposo varca le porte della comunità e ammutolendo ogni domanda prepara il campo della vita per la semina di nuovi valori baciati dalla fioritura del mattino.

13
UNA DONNA

Il colore delle case risaltava il suo viso, lei restava seduta a guardare fotografie di sorrisi passati come se fosse stata imprigionata dalla lancetta del tempo quando il momento si prosciugó quello che mi restava era un bacio ancora da consegnare...esiliai la mia indecisione.

14
SULLA STRADA

Scaglie di dolore si manifestano in strada, mentre pianto e
fretta bussano alle pupille degli assenti.

15
ILLUSIONI

La scatola senza vita, racconta di dolori o speranze che scavano in noi come l'acqua il terreno e la sera incorniciata dai venti tiepidi appesantisce il corpo pronto al riposo concesso dalla fatica.

16
RICORDO

Lascio che la sera mi invada gli occhi e si mescoli alla mia solitudine, io vestito di rabbia e lacrime… fantasma figlio di un dolore intrappolato in una fotografia tu che hai sofferto nelle ore della tua primavera ascolta le parole di questo amore divertiti a condividerlo e impara a perderlo o muori senza essere mai sbocciato.

17
NUVOLE VAGABONDE

Quando la giornata si spegne chiudi gli occhi e torna al tempo della sorpresa luccicante, quando una nuvola poteva essere gioco o sogno, quando il tuo maglione indossava pochi anni e ti confortava dal freddo di dicembre, quando lo stupore era il tuo fedele compagno, quindi ecco la sera si spegne non avere paura di allontanarti da questa casa spoglia di baci e povera di affetto incamminati nella calda mezzanotte e fermati solo con il risvegliarsi del giorno, li potrai aprire gli occhi e trovarti davanti allo scuro cancello di un antica città, il passato simile ad un cappotto ti coprirà la schiena e ai piedi indosserai stivali veloci come l'avvenire, gioca con quel giorno appena nato, e con il buio lascialo scivolare dietro le montagne, guardalo arrossire alla vista di nuove genti e fai riposare nel cuore la frenesia di volerlo rivedere il giorno dopo, concedi tempo alla notte di danzare con le stelle riaccendi i tuoi sogni e riprendi il cammino. Lo sai che il giorno distrugge la notte e che la notte divide il giorno lo sai che il presente divora il passato e che il passato dissolve il presente, ritrova la tua infanzia per arricchire il tuo tempo da uomo.

18
IMPATTO

Sotto il cielo autunnale tu mi consegni i tuoi pochi anni e io tutti i baci e gli affanni, la notte veniva a spiarti i sogni e me li raccontava, conoscevo il mio presente e mi immaginavo nel tuo futuro, poi l'inciampo dell' empatia e la caduta del sentimento che con la prima neve avrebbe accompagnato il pentimento e ora solo il ricordo della bellezza della carezza e d'un pó di tenerezza.

19
SENZA ETÀ

La notte discende sull'immensità da noi conciliata come
una vecchia donna che ricopre di gravoso affetto
materno la propria prediletta...

20
LE DONNE

Un giorno accetteró le donne, continuità della specie, abbraccieró i loro corpi, seguiró le fantasie di una vedova che versa lacrime a Dio, dormiró sulle cosce della regina d'Inghilterra nel giorno del suo ennesimo compleanno, insomma sarò semplicemente me stesso.

21
QUESTIONI

Perché svendi i tuoi sensi per ottenere un gesto?
Perchè ogni volta che ci uniamo alla maggioranza crediamo
di fare la scelta giusta e ci sentiamo legittimati a escludere
ogni altra possibilità a priori?
Sei sicuro di stare sperimentando la Libertà fino in fondo?
Forse senti di avere più spazio solo perché la tua cella è un
pó più grande di quella degli altri.
La libertà più importante è quella di essere se stessi…ma
pensandoci bene siamo maestri del palcoscenico viviamo in
un immenso teatro dove ogni giorno per comodità o paura
impersoniamo un ruolo diverso…situazione che ci porterà a
non riconoscere più neppure noi stessi.

22
UN CANTO

Uomini in mare figli della tempesta e della disperazione si guardano in silenzio lasciando nascere un sorriso appena accennato, stringono sul cuore il ricordo delle loro prime estati, e singhiozzando ripensando al tempo degli affetti trascurati, ora piano li assale un lieve tremore ora vorrebbero stringere forte il loro amore.

23
UNIONE

Rincorro una speranza e mastico la verità nelle notti di mezza estate mentre dentro brucio e coltivo un piccolo gesto mentre mi confondo nella notte e provo a perdere me stesso.

24
REGINA

Ella si aggrappa alle gambe del ventunesimo secolo, lo fa
tremare urlando il suo sogno libero e proletario, signora
vestita di stracci ma con occhi da regina, pensiero che
partorisce un onda di uomini ripetutamente infranta sullo
scoglio del potere, ma non sarà sempre così... l'ora della
primavera, stagione della fioritura, maturità che corazza
l'uomo d'un corpo d'acciaio e rende il cuore morbido e
leggero come il petalo della rosa momento di fuoco che
infiamma le coscienze e scalda i quartieri di sentimento
condiviso.

25
ULTIME ORE

Passeggeremo tutta notte per strade solitarie? le nostre parole
saranno le sole note che accompagneranno il nostro esilio dai
nostri simili? ombre che sfilano per le vie e parlano di morte
ma prima di addormentarci brinderemo alle domeniche vuote
e alla birra di venticinque centesimi oasi surreale in questo
angolo di universo che è trainato da prezzi impossibili.

26
RIVALUTAZIONE APPARENTE

Camminavo nella notte, sognavo di trovare la chiave del cielo pensavo a quanto è inquietante essere certi di cosa si farà il giorno dopo a che vestiti si indosseranno a quali persone si concederà la parola a quel punto mi resi conto di quanto ogni pianificazione sia dettata da una propria casualità cambiai passo e poi città.

27
NELLA SERA

Le strade che percorro ordinariamente portano in locande
ammuffite e maleodoranti dove con gli occhi giusti si puó
ancora scorgere la vita nel suo aspetto piú primitivo e
innocente dove le persone sazie dai forti liquori sono capaci
di distinguere l'insulso dal fondamentale dove quelle stesse
persone sono ancora capaci di dare il giusto valore alla luce
stellare scordandosi dei lampioni.

28
PIENEZZA

Osservare l'universo in questo petalo di rosa e l'orizzonte nei
tuoi occhi, mentre mano nella mano camminiamo nel sole
figlio cullato dall'eternità

29
SENTIMENTO

Nube che avvolge i pensieri e visione trascinata sotto casa, io nasco dal freddo del mio ventre, mentre il valore del circostante si confonde con quello dell'introspettivo, spostò lo sguardo sul calare della notte e sento il suo passo nella strada colorata da stracci e ombre che riempiono la città.

30
SENSAZIONE

L'anima mia piena d'esaltazione inciampa sul cammino della lucentezza, come quando la pozzanghera sporca la strada al passo di un barbaro vestito di rose.

INDICE

Youcanprint
Finito di stampare nel mese di maggio 2019